技工院校工学一体化技能人才培养技术指导丛书

工学一体化课程开发指导手册
——教师手记

中国就业培训技术指导中心　组织编写

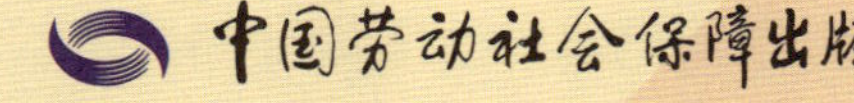

内容简介

2023 年，中国就业培训技术指导中心组织专家，依据《〈国家技能人才培养工学一体化课程标准〉开发技术规程》，编写了《工学一体化课程开发指导手册（2023）》（以下简称《手册》）。《手册》采用生动活泼、易于理解的绘本形式，文字和插图相互配合，化繁为简、深入浅出地解析了工学一体化课程开发的技术要点。

《工学一体化课程开发指导手册——教师手记》为《手册》的配套用书，一是对《手册》中的文字内容进行系统化梳理，帮助教师进一步理解掌握工学一体化课程开发的技术要点；二是对《手册》中的重点、难点进行提示、解释和说明，帮助教师强化记忆；三是在正文侧边设置“教师笔记”栏目，供教师在学习过程中记录笔记，提炼要点。

本书也可作为工学一体化教师培训的辅助性用书。

图书在版编目（CIP）数据

工学一体化课程开发指导手册．教师手记 / 中国就业培训技术指导中心组织编写．-- 北京：中国劳动社会保障出版社，2024

ISBN 978-7-5167-6235-6

Ⅰ．①工…　Ⅱ．①中…　Ⅲ．①高等职业教育 – 产学研一体化 – 课程改革 – 研究　Ⅳ．① G718.5

中国国家版本馆 CIP 数据核字（2024）第 023562 号

中国劳动社会保障出版社出版发行
（北京市惠新东街 1 号　邮政编码：100029）
*
北京市艺辉印刷有限公司印刷装订　　新华书店经销
880 毫米 × 1230 毫米　16 开本　6.75 印张　124 千字
2024 年 2 月第 1 版　　2024 年12月第 2 次印刷
定价：27.00 元

营销中心电话：400-606-6496
出版社网址：http://www.class.com.cn
http://jg.class.com.cn

编审委员会名单

主　任：刘　康　吴礼舵

副主任：王晓君　袁　芳

成　员：陈　蕾　王　飞　张　薇　张韶华　刘素华

编写组人员

组　长：刘素华

成　员：张晓梅　张利芳　林　枫　赵新辉

审定组人员

组　长：陈李翔

成　员：赵志群　辜东莲　彭　瑜　陈孟锋

目 录
CONTENTS

第一部分

专业信息

第一部分

专业信息

专业信息应包括专业名称、专业编码、学习年限、就业方向、职业资格 / 职业技能等级。编制要求及产出如下：

表 1　专业信息表

专业名称	原则上依据人力资源社会保障部正式颁布的《全国技工院校专业目录》确定
专业编码	
学习年限	
就业方向	描述本专业学生毕业后可就业的行业、企业、职业（岗位或岗位群）
职业资格 / 职业技能等级	描述本专业学生毕业后可取得的职业资格或职业技能等级证书

工作环节一

专业信息描述

一、为什么要描述专业信息?

专业信息描述本专业的专业名称、专业编码、学生的学习年限、学生毕业后的就业方向以及可取得的职业资格 / 职业技能等级证书等信息，是开发该专业工学一体化课程标准的基准点和出发点。

二、如何描述专业信息?

专业信息描述原则上应符合以下要求:

1. **专业名称**依据人力资源社会保障部颁布的《全国技工院校专业目录》确定。

2. **专业编码**依据人力资源社会保障部颁布的《全国技工院校专业目录》确定。

3. **学习年限**依据人力资源社会保障部颁布的《全国技工院校专业目录》确定。

4. **就业方向**描述本专业学生毕业后可就业的行业、企业、职业(岗位或岗位群),职业的描述应以《中华人民共和国职业分类大典》中的职业信息为基础。

5. **职业资格/职业技能等级**描述本专业学生毕业后可取得的职业资格或职业技能等级证书。

重点提示

描述依据:

《全国技工院校专业目录》

《中华人民共和国职业分类大典》

教师笔记

第二部分

培养目标和要求

第二部分

培养目标和要求

培养目标应包括总体培养目标和层级培养目标。培养要求应规定从事某一职业应具备的职业能力，包含专业能力和通用能力。编制要求及产出如下：

表 2　培养目标和要求表

<table>
<tr><th colspan="3">总体目标</th></tr>
<tr><td colspan="3">描述本专业技能人才应面向哪些行业、哪类企业就业，能胜任的岗位或岗位群，应具备的思政素养、职业能力要求</td></tr>
<tr><th colspan="3">层级目标</th></tr>
<tr><td>中级技能</td><td colspan="2" rowspan="3">描述本专业本层级技能人才应面向哪些行业、哪类企业就业，能胜任的岗位或岗位群，应具备的思政素养、职业能力要求</td></tr>
<tr><td>高级技能</td></tr>
<tr><td>技师（预备技师）</td></tr>
<tr><th colspan="3">培养要求</th></tr>
<tr><th>培养层级</th><th>典型工作任务</th><th>职业能力要求</th></tr>
<tr><td>中级技能</td><td rowspan="3">参照“典型工作任务列表”列举本专业本层级的典型工作任务名称</td><td rowspan="3">描述完成典型工作任务所需的职业能力，包含专业能力和通用能力</td></tr>
<tr><td>高级技能</td></tr>
<tr><td>技师（预备技师）</td></tr>
</table>

工作环节二

行业企业调研

重点提示

行业企业调研是确定各层级人才培养目标的重要依据。

教师笔记

一、为什么要进行行业企业调研？

通过行业企业调研，可以了解所开发专业毕业生就业企业的性质、类型、规模，毕业生所从事的职业（工种）、所需胜任的工作任务、所需掌握的技术、所需具备的职业素养，该专业的相关职业资格/职业技能等级认定情况，以此初步判断所开发专业的总体人才培养目标和中级技能、高级技能、技师（预备技师）等各层级的人才培养目标。

各层级人才培养定位的内容包含以下六个要素：

1. 所开发专业的毕业生面向什么性质、类型、规模的行业企业就业？
2. 所开发专业的毕业生在上述行业企业的哪些职业（工种）工作？
3. 所开发专业的毕业生在上述职业（工种）中需要胜任哪些工作任务？
4. 所开发专业的毕业生需要掌握本行业的哪些技术/服务或了解哪些技术/服务标准及其发展趋势？
5. 所开发专业的毕业生胜任上述职业（工种）工作需要具备哪些职业素养？
6. 所开发专业的毕业生需取得什么职业资格或职业技能等级证书？

二、如何进行行业企业调研?

行业企业调研的技术路径主要包含以下五个步骤。

第一步：根据人才培养定位所对应的六个要素确定调研对象。

第二步：根据调研要素及调研对象进行内容设计，确定调研方法。

第三步：分析调研过程的注意事项。

第四步：汇总和分析调研结果。

第五步：撰写行业企业调研报告，初步确定人才培养目标。

教师笔记

教师笔记

重点提示

根据人才培养定位所对应六个要素的不同内容和特点，选择恰当的调研对象。

三、每一步骤有何技术要点？

第一步：如何确定调研对象？

根据人才培养定位所对应的六个要素确定调研对象。

根据要素内容确定调研对象

序号	要素内容	调研对象
1	所开发专业的毕业生面向什么性质、类型、规模的行业企业就业？	行业主管部门负责人
		行业学会或行业协会负责人
		企业人力资源主管或相关管理人员
		技工院校专业负责人
		相应专业毕业生等
2	所开发专业的毕业生在上述行业企业的哪些职业（工种）工作？	行业主管部门负责人
		行业学会或行业协会负责人
		企业人力资源主管或相关管理人员
		相应专业毕业生等
3	所开发专业的毕业生在上述职业（工种）中需要胜任哪些工作任务？	企业一线技术骨干或基层管理人员
		相应专业毕业生
		相应文献等
4	所开发专业的毕业生需要掌握本行业的哪些技术 / 服务或了解哪些技术 / 服务标准及其发展趋势？	行业主管部门负责人
		行业学会或行业协会负责人
		企业一线技术骨干或基层管理人员
		相关行业媒体或行业研究机构等

教师笔记

续表

序号	要素内容	调研对象
5	所开发专业的毕业生胜任上述职业（工种）工作需要具备哪些职业素养?	企业人力资源主管或相关管理人员
		企业一线技术骨干或基层管理人员
		相应专业毕业生等
6	所开发专业的毕业生需取得什么职业资格或职业技能等级证书?	职业资格 / 职业技能等级认定机构
		行业主管部门负责人
		企业人力资源主管或相关管理人员
		技工院校专业负责人等

如果所开发专业中有对应的世界技能大赛竞赛项目，应如何确定调研对象？

应充分借鉴相关竞赛项目的技术标准和评价标准，所开发专业中有对应的世界技能大赛竞赛项目，需就“所开发专业的毕业生在上述职业（工种）中需要胜任哪些工作任务？”“所开发专业的毕业生需要掌握本行业的哪些技术 / 服务或了解哪些技术 / 服务标准及其发展趋势？”“所开发专业的毕业生胜任上述职业（工种）工作需要具备哪些职业素养？”等问题调研世界技能大赛相关竞赛项目专家或查询世界技能大赛官方网站获取相应信息。

教师笔记

第二步：如何进行内容设计和确定调研方法?

应根据调研要素及调研对象进行内容设计，确定调研方法。

调研的对象、方法和内容

调研对象	调研方法	调研内容
行业主管部门负责人或行业学会、行业协会负责人	专家访谈法、文献研究法	所属行业企业的总体数量及其分布
		所属行业企业的性质、规模，其中企业性质一般包括国有、集体所有制、联营、三资、私营等；企业规模包括大型、中型、小型、微型等
		技能人才层级及其需完成的工作任务
		所属行业企业技能人才需求状况
		所属行业职业院校（含技工院校）数量及技能人才培养现状
		行业企业发展现状及趋势
企业人力资源主管或相关管理人员	专家访谈法、问卷调查法	企业的性质、类型、规模等
		企业近几年技能人才用工数量和未来三年及以上用工需求
		企业所需技能人才晋升通道及周期
		企业所需技能人才各层级从事的职业、岗位及对应的工作任务
		企业所需技能人才需具备的职业资格 / 职业技能等级证书情况
企业一线技术骨干或基层管理人员	实地考察法、专家访谈法	企业所需技能人才从事的岗位及对应的工作任务
		主要工作任务的工作内容、合格要求、关键技术 / 服务及相关标准
		企业技能人才的晋升通道及周期
		所开发专业各层级技能人才应具备的职业素养
		行业企业发展现状及趋势

重点提示

应根据调研对象的不同，选择适宜的调研方法。

续表

调研对象	调研方法	调研内容
相应专业毕业生	问卷调查法	就业企业的性质、类型、规模等
		初次就业时的技能等级及学历情况
		初次就业岗位及所需完成的工作任务
		晋升通道、周期及薪酬
		现工作岗位及所需完成的工作任务
		从事职业所需要的职业素养
相关行业媒体或行业研究机构	文献研究法、专家访谈法	行业企业发展现状及趋势
		行业先进技术 / 服务或技术 / 服务发展趋势及相关标准
		行业技能人才胜任力及需求状况
职业资格 / 职业技能等级认定机构、技工院校专业负责人	专家访谈法	所开发专业对应职业的国家职业资格 / 职业技能等级标准情况
		所开发专业学生需取得的国家职业资格 / 职业技能等级证书情况
		所开发专业的技能人才应掌握的主要技能
		所开发专业的技能人才应具备的职业素养
世界技能大赛相关竞赛项目专家	专家访谈法、问卷调查法	所开发专业对应世界技能大赛竞赛项目的技术标准和评价标准
		所开发专业各层级毕业生需胜任的工作任务
		所开发专业毕业生需要掌握的本行业技术 / 服务或技术 / 服务标准及发展趋势
		历届竞赛项目的试题及选手答题分析

教师笔记

教师笔记

重点提示

注意保证调研企业的代表性、典型性和先进性。

为确保调研数据的全面客观，对于所开发专业对应的行业发展趋势及企业技能人才需求，还需从以下两个方面进行补充调研：一是通过国家统计局、相关行业学会或行业协会、行业媒体、行业研究机构、研究文献、公众号等渠道获得行业整体发展数据和行业研究资料，分析行业企业发展趋势及技能人才需求情况；二是以代表性的招聘网站作为数据源，获取相关专业岗位招聘数据，应用大数据分析工具从企业类型与规模、需求职位分布、学历与专业要求、工作经验、综合能力与素质、薪资待遇等维度，对所开发专业的职业、岗位人才需求进行统计分析，为人才培养目标确定提供参考。

第三步：调研过程中有哪些注意事项?

1. 调研前需制订周密合理的调研计划，内容包括调研目标、调研内容、调研对象、调研方法、时间地点及人员分工等。

2. 调研前需做好充分的准备工作，如准备好调研材料、录音笔、笔记本、摄影摄像设备等。

3. 所选取的调研企业应具备代表性、典型性、先进性，并具有一定的覆盖面。代表性是指所调研企业的样本数量应满足一定的数量比例；典型性是指所调研企业应包含本行业的标杆企业；先进性是指企业在生产产品或提供服务的过程中所应用的技术先进性；覆盖面是指所调研企业应涵盖所有企业性质、类型及规模。

4. 调研过程中要保证调研的信度和效度。调研途径可采取线上线下相结合的方式，调研问卷的回收数量应满足调研要求。

5. 调研过程中应注意职业礼仪，尊重企业文化及相关规定。

第四步：如何汇总和分析调研结果？

1. 在汇总调研数据和整理调研资料时，要注意数据的甄别，以及录入信息的有效准确。

2. 在统计分析调研数据及相关信息时，要选取有效的数据统计工具，对信息的归纳要全面客观。

3. 在提炼与总结调研结论时，要依据人才培养定位的六个要素对统计的数据信息进行对应分析。

4. 依据汇总分析的结果，初步确定所开发专业的各层级人才培养目标和总体人才培养目标，人才培养目标通常按“培养面向……行业……类型企业就业，在……职业（工种）工作，胜任……工作任务，掌握……技术，具备……职业素养，达到……职业资格 / 职业技能等级要求的技能人才。”的体例进行描述。

第五步：如何撰写行业企业调研报告？

行业企业调研报告可参考下列格式撰写。

重点提示

调研结果的汇总、统计、分析要确保有效准确、全面客观。

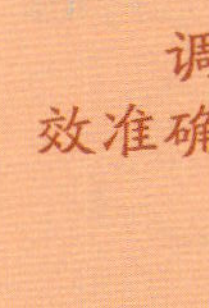

教师笔记

教师笔记

行业企业调研报告参考格式

一、调研背景

（一）调研目的

（二）调研内容

（三）调研意义

二、调研情况分析

（一）行业调研情况分析

（二）企业调研情况分析

（三）毕业生调研情况分析

（四）行业媒体及研究机构调研情况分析

（五）职业资格或职业技能等级认定机构及相关技工院校调研情况分析

（六）世界技能大赛相关竞赛项目专家调研情况分析

三、调研结果分析

（一）所开发专业的人才培养定位是怎样的?

（二）所开发专业的毕业生面向什么性质、类型、规模的行业企业就业?

（三）所开发专业的毕业生在上述行业企业的哪些职业（工种）工作?

（四）所开发专业的毕业生在上述职业（工种）中需要胜任哪些工作任务?

（五）所开发专业的毕业生需要掌握本行业的哪些技术 / 服务或了解哪些技术 / 服务标准及其发展趋势?

（六）所开发专业的毕业生胜任上述职业（工种）工作需要具备哪些职业素养?

（七）所开发专业的毕业生需取得什么职业资格或职业技能等级证书?

四、调研结论

所开发专业人才培养目标的初步确定

附件 1　调研问卷

附件 2　访谈提纲

附件 3　过程资料

教师笔记

工作环节三

典型工作任务确定

教师笔记

一、为什么要确定典型工作任务？

确定典型工作任务是一体化课程开发的关键环节和基础性工作。通过确定某一职业领域的典型工作任务，为构建基于工作过程系统化的工学一体化课程体系及参考性学习任务设计提供依据。

二、如何确定典型工作任务？

典型工作任务通过召开实践专家访谈会获得。通过访谈实践专家，梳理其从事过的有挑战性的、能促进职业能力发展的、具有完整工作过程的代表性工作任务，归纳出某一职业的代表性工作任务，进而确定典型工作任务。

实践专家访谈会的实施过程主要包含以下七个步骤。

第一步：选择实践专家。

第二步：明确实践专家访谈会的目的与意义。

第三步：明确职业发展阶段的划分依据。

第四步：引导实践专家按其职业发展阶段梳理代表性工作任务。

第五步：归纳并命名代表性工作任务。

第六步：确定典型工作任务。

第七步：序化并确认典型工作任务及其代表性工作任务。

重点提示

要严格按照实践专家访谈会的实施过程召开会议，确保路径规范。

三、每一步骤有何技术要点?

第一步：如何选择实践专家?

选择实践专家时应注意以下几点。

1. 应注意在开展行业企业调研及访谈过程中物色实践专家人选。
2. 实践专家的人数以 10 ~ 15 为宜。
3. 实践专家原则上应具有 10 年及以上本职业一线工作经历和丰富工作经验，为技术骨干或技术负责人。
4. 实践专家应具有职业院校（含技工院校）的学习经历，应包含高级工及以上（实践专家的技能等级应高于培养层级）或基层生产技术负责人等各层级在岗人员。
5. 实践专家应来自代表性企业。
6. 要确保实践专家有充裕的时间参与工学一体化课程开发工作。
7. 可从世界技能大赛技术指导专家、参赛选手中筛选个别符合条件的人员作为实践专家。

第二步：如何明确召开实践专家访谈会的目的与意义?

可介绍所开发专业前期完成的行业企业调研报告及本专业人才培养目标的分析情况，引导实践专家理解工学一体化课程的开发理念与方法，以此明确召开实践专家访谈会的目的与意义。

重点提示

为保证访谈效果，选择实践专家时应注意满足工作经历、教育背景、代表性等方面的要求。

教师笔记

教师笔记

重点提示

要向实践专家特别强调划分职业成长阶段的依据应与国家职业技能标准职业发展阶段的划分保持一致。

第三步：如何明确职业发展阶段的划分依据？

1. 向实践专家解释“职业发展阶段”的含义、特征及其划分依据。

2. 参照国家职业技能标准中的中级工、高级工、技师等技能等级，引导实践专家划分职业发展阶段；对于尚未发布国家职业技能标准的职业，可参照行业企业标准划分职业发展阶段。

第四步：如何引导实践专家按其职业发展阶段梳理代表性工作任务？

1. 了解“企业技能人才职业发展历程自我分析表”的结构及编制要求。

企业技能人才职业发展历程自我分析表

<table>
<tr><td colspan="2">将本人从事本职业工作到成为实践专家的职业发展历程划分成若干阶段</td><td>为每一阶段列举出 3 ~ 4 个实际从事过的、具有代表性的工作任务实例。这些任务一般是有挑战性的，而且完成工作的过程能够促进职业能力发展</td></tr>
<tr><th>起止年份</th><th>职业发展阶段</th><th>具有代表性的工作任务</th></tr>
<tr><td rowspan="4"></td><td rowspan="4"></td><td>任务 1</td></tr>
<tr><td>任务 2</td></tr>
<tr><td>……</td></tr>
<tr><td>任务 n</td></tr>
<tr><td rowspan="4"></td><td rowspan="4"></td><td>任务 1</td></tr>
<tr><td>任务 2</td></tr>
<tr><td>……</td></tr>
<tr><td>任务 n</td></tr>
<tr><td></td><td></td><td>任务 1</td></tr>
</table>

续表

起止年份	职业发展阶段	具有代表性的工作任务
		任务 2
		……
		任务 n

2. 向实践专家解释“代表性工作任务”的含义、特征及其功能。

代表性工作任务有三个特征：其一，是具体的工作任务，例如在电子技术应用工作领域，“电子产品故障检测与维修”不是一个具体的工作任务，而“电风扇不启动故障检测与维修”是具体的工作任务；其二，是工作过程完整的具体工作任务，例如在电子技术应用工作领域，“电子元器件焊接”不是一个工作过程完整的工作任务，而是工作任务“遥控门铃装配与调试”中的一个工作环节；其三，是实践专家职业成长过程中具有挑战性的具体工作任务，例如在电子技术应用工作领域，“直插式电子元器件插装”虽在实际生产中常见，但其对职业能力要求不高，不具有挑战性，而“手机充电宝装配与调试”这一整机产品的装调任务则包含了焊接、测试等职业能力要求，具有挑战性。

3. 向实践专家说明“代表性工作任务”的名称撰写格式。

代表性工作任务通常以“名词 + 动词”的形式呈现。例如，电子技术应用工作领域的“声光控开关装配与调试”“蓝牙音箱联机故障检测与维修”“太阳能充电宝电路设计与制作”，又如汽车维修工作领域的“汽车

重点提示

要确保实践专家充分理解代表性工作任务的三个特征。

教师笔记

重点提示

“代表性工作任务”的名称撰写格式通常以“名词 + 动词”的形式呈现。

教师笔记

空调异味故障检修”“汽车行驶异响故障诊断与排除”“汽车环保性能检测与评估”。

4. 请实践专家按初级、中级、高级、技师（预备技师）等技能等级划分职业发展阶段，并以“名词 + 动词”的形式撰写其每一职业发展阶段的代表性工作任务。

5. 按其职业发展阶段梳理代表性工作任务时，如相关职业已经颁布国家职业技能标准，也可参考国家职业技能标准不同技能等级的主要工作内容对其实践工作进行总结提炼。

6. 引导实践专家按职业发展不同阶段，将代表性工作任务填写在“企业技能人才职业发展历程自我分析表”内。检查确认后，将每一个代表性工作任务都填写在卡纸上，并按职业发展不同阶段张贴归类在相应的张贴板上。

第五步：如何归纳并命名代表性工作任务？

1. 引导实践专家共同对张贴板上的同一或相近内容的代表性工作任务进行梳理和归纳，形成代表性工作任务，并以“名词 + 动词”的形式命名。

2. 引导实践专家对同一职业发展阶段的代表性工作任务按由易至难、由低至高、由简单至复杂的顺序进行排序。

3. 与实践专家讨论并确认代表性工作任务的名称、顺序及其所属职业发展阶段，必要时进行调整。

第六步：如何确定典型工作任务？

1. 引导实践专家对同一职业发展阶段的代表性工作任务进行归纳，参照

教师笔记

国家职业技能标准或行业企业标准，将相近工作范畴的若干代表性工作任务归纳形成典型工作任务，并以“名词 + 动词”的形式命名。

例如，电子技术应用工作领域中级工阶段有 4 个相近工作范畴的代表性工作任务，分别是“电风扇不启动故障检测与维修”“养生壶异常加热故障检测与维修”“LED 灯开关电源无输出电压故障检测与维修”“蓝牙音箱联机故障检测与维修”，均属于中级工阶段电子产品维修工作范畴，且检测方法和修复方式简单，可归纳为一个典型工作任务，以“电子产品简单故障维修”命名。

2. 引导实践专家将所开发专业涉及的工作领域与确定的典型工作任务进行对照，确认典型工作任务是否涵盖所有工作领域，如有缺失需补充。

例如，电子技术应用工作领域包含设计、装配、调试、维修四个方面，电气自动化设备安装与维修工作领域包含装、调、维、改四个方面，实践专家应对照工作领域复核确认典型工作任务是否齐全。

3. 通常一个职业的典型工作任务数量为 10 ~ 20 个。

第七步：如何确认典型工作任务及其代表性工作任务?

1. 引导实践专家对不同职业发展阶段的典型工作任务按由易至难、由低至高、由简单至复杂的顺序进行排序，确认典型工作任务的名称和顺序。

2. 填写完成“典型工作任务列表”。

3. 再次复核所在的中级、高级、技师（预备技师）等职业发展阶段，必要时进行调整。

示例：电子技术应用工作领域的“典型工作任务及其代表性工作任务列表”

职业发展阶段	典型工作任务	代表性工作任务
中级	简单电子产品装配与调试	LED 手电筒装配与参数测量
		指针式万用表装配与调试
		声光控开关装配与调试
		直流稳压电源装配与调试
		手机充电宝装配与调试
		2.1 声道有源音箱装配与调试
		遥控门铃装配与调试
	电子工程系统安装与调试	家庭照明电路安装与调试
		会议室语音视频系统安装与调试
		中小企业安防监控系统安装与调试
		智能家居系统安装与调试
	电子产品简单故障维修	电风扇不启动故障检测与维修
		养生壶异常加热故障检测与维修
		LED 灯开关电源无输出电压故障检测与维修
		蓝牙音箱联机故障检测与维修
	简单电子线路设计与制作	声光控延时开关设计与制作
		多路彩色流水灯设计与制作
		555 电路报警器设计与制作
中级	简单电子线路设计与制作	功率放大器（分立元件）设计与制作
		太阳能充电宝电路设计与制作
		PWM 调光台灯设计与制作
高级	复杂电子产品装配与调试	贴片式 LED 灯自动贴装与检修
		手持无线对讲机装配与调试
		热释电红外报警器装配与调试
		便携式蓝牙音箱装配与调试
	电子工程系统故障检修	企业安防系统传感器故障检修
		会议室音视频系统故障检修
		企业安防系统网络通信线路故障检修
		企业安防系统控制终端故障检修
	电子产品复杂故障检修	电磁炉异常报警故障检修
		家用音响杂音故障检修
		智能电饭煲不加热故障检修
		液晶电视无图像故障检修
		液晶电视“三无”故障检修
		智能手机无法开机故障检修

续表

职业发展阶段	典型工作任务	代表性工作任务
高级	简单电子产品设计与制作	8 路抢答器设计与制作
		LED 开关电源设计与制作
		数字电子钟设计与制作
		单片机温控电路设计与制作
		学习型红外遥控器设计与制作
技师（预备技师）	电子产品开发与设计	开关电源设计
		电容式触摸开关电路设计
		ZigBee 无线模块程序设计
	电子产品疑难故障检修	计算机显卡故障检修
		计算机主板供电电路故障检修
技师（预备技师）	电子产品疑难故障检修	智能手机芯片脱落故障检修
		计算机主板南北桥芯片故障检修
	电子工程系统方案设计	学校会议室语音视频系统方案设计
		中小型企业安防系统方案设计
		智慧化社区系统方案设计
	电子技术工作指导和培训	电子产品生产技术指导
		电子产品维修技术指导
		电子产品综合故障维修技术培训

注意事项：

1. 选取实践专家访谈会主持人时，应注意以下三点：第一，主持人应对工学一体化课程开发理论有深刻透彻的理解和应用实践经验；第二，主持人应具有良好的沟通表达能力和理解应变能力；第三，主持人应熟练掌握《<国家技能人才培养工学一体化课程标准>开发技术规程》所涉及的开发技术。

2. 实践专家访谈会会场的准备与布置应注意以下两点：第一，要准备足够的白板、四色卡纸、油性笔、磁扣、企业技能人才职业发展历程自我分析表、典型工作任务列表、移动话筒、桌签、摄影摄像设备、投影仪等；第二，会场空间要足够宽敞，满足实践专家讨论和展示的需要。

工作环节四

典型工作任务分析

教师笔记

一、为什么要进行典型工作任务分析?

通过分析典型工作任务的工作内容，可明确典型工作任务的工作要求（规范）、工作范畴、工作主体、工作过程等要素，并梳理其职业能力要求。

依据各职业发展阶段典型工作任务的“职业能力要求”，可确定所开发专业各层级的“培养要求”。依据各职业发展阶段典型工作任务的“职业能力要求”之“和”，可确定所开发专业相应培养层级的人才培养目标。通过梳理各个层级的人才培养目标，可确定所开发专业的总体人才培养目标。

二、如何进行典型工作任务分析?

典型工作任务分析的技术路径主要包含以下三个步骤。

第一步：分析每一个典型工作任务的代表性工作任务，填写“代表性工作任务描述表”。

第二步：梳理代表性工作任务的分析结果，填写“典型工作任务描述表”。

第三步：根据行业企业调研报告、典型工作任务列表和典型工作任务描述表，填写“培养目标和要求表”。

三、每一步骤有何技术要点?

第一步：如何分析每一个典型工作任务的代表性工作任务，填写“代表性工作任务描述表”?

1. 了解“代表性工作任务描述表”的结构及编制要求。

代表性工作任务描述表

<table>
<tr><th>代表性工作任务名称</th><td></td><th>工作时间</th><td></td></tr>
<tr><th colspan="4">代表性工作任务描述</th></tr>
<tr><td colspan="4"></td></tr>
<tr><th colspan="4">工作内容分析</th></tr>
<tr><td>工作对象：</td><td>工具、材料、设备与资料：

工作方法：

劳动组织方式：</td><td></td><td>工作要求：</td></tr>
<tr><th colspan="4">职业能力要求</th></tr>
<tr><td colspan="4"></td></tr>
</table>

2.请实践专家概述代表性工作任务的工作情境，其内容包括任务情景、工作主体、工作过程、工作要求（规范）以及完成该工作任务的实际价值等。填写代表性工作任务描述表中的“代表性工作任务描述”一栏。

教师笔记

教师笔记

重点提示

要向实践专家解释清楚工作对象的含义，在不同职业、不同职业发展阶段中的具体差异，还要揭示工作对象的哲学意义。

“工作主体”阐述该代表性工作任务“谁来做”，即阐明该工作任务由哪些企业的哪些岗位人员完成，以此确定完成代表性工作任务的工作人员。“工作过程”阐述该代表性工作任务“怎么做”，即完成代表性工作任务的全过程，按照“获取信息—制订计划—做出决策—实施计划—过程控制—评价反馈”的工作过程思维进行描述。“工作要求（规范）”阐述该代表性工作任务“做到什么程度”，即完成该代表性工作任务所应遵循的标准、规范或相关要求。例如，电子技术应用工作领域代表性工作任务“贴片式 LED 灯自动贴装与检修”的工作情境为：

某电子产品生产车间接到贴片式 LED 灯自动贴装的生产订单，该灯具电路板为铝基圆形、直径为 50 mm，每个包含 16 颗 0603 型贴片 LED，需要装配人员依据产品信息列出元器件清单、绘制 PCB 装配图、填写贴装工艺过程卡、编制 SMT 自动贴片机程序，并操作锡膏机、贴片机、回流焊、AOI 等 SMT 设备完成该批次 LED 灯的贴装。

该订单需在 2 个工作日内完成，工艺文件编写应满足《表面组装工艺通用技术要求》（SJ/T 10670—1995）和企业生产工艺管理制度要求，LED 灯贴装质量符合《电子组件的可接受性》（IPC-A-610）标准要求。

3. 请实践专家参考“获取信息—制订计划—做出决策—实施计划—过程控制—评价反馈”的工作过程思维，充分考虑工作过程中的主客体关系，填写代表性工作任务描述表“工作内容分析”中的“工作对象”一栏。

例如，电子技术应用工作领域“ZigBee 无线模块程序设计”代表性工作任务的工作对象包括：

（1）产品开发任务书、技术方案的阅读分析，与客户、部门主管等相关人员的沟通，工作标准和工作要求的确认。

（2）技术文献、设计案例的查阅分析，系统功能性、经济性、环保性等指标要求的分析，设计方案的制定。

（3）设计方案的审核确认。

（4）ZigBee 硬件程序的开发设计。

（5）ZigBee 无线控制系统的性能测试与评估。

（6）控制系统使用说明文档的编制，设计开发案例的撰写，项目资料的交付验收。

注意：部分代表性工作任务的工作环节会有所不同，例如，电子技术应用工作领域“手机充电宝装配与调试”这一工作任务的“制订计划”和“做出决策”环节紧密相连、合二为一，其工作对象为：

（1）获取信息：工作任务单的领取和阅读，与班组长、仓库管理员的沟通，工作标准和工作要求的确认。

（2）制订计划、做出决策：手机充电宝电路装配工艺文件的确认。

（3）实施计划、过程控制：场地、设备、材料的准备，元器件的识别与检验，电路板的插装、焊接和检查，充电宝的整机装配与测试。

（4）评价反馈：产品的交付，现场 6S 管理。

4. 请实践专家以“工作对象”的每一阶段为单位（必要时可将“工作对象”每一阶段进一步分解为若干环节或步骤），分析每一工作阶段要达到的工作标准、规范和要求，即产品质量标准、行业技术标准、服务标准、企业要求、

教师笔记

重点提示

6S 管理是指企业内部的整理（seiri）、整顿（seiton）、清扫（seiso）、清洁（seiketsu）、素养（shitsuke）、安全（safety）等生产现场管理理念和方法。

教师笔记

客户要求、对从业者的要求等，填写代表性工作任务描述表“工作内容分析”中的“工作要求”一栏。例如，电子技术应用工作领域“ZigBee 无线模块程序设计”代表性工作任务的“工作对象”和“工作要求”如下表所示。

“ZigBee 无线模块程序设计”代表性工作任务的“工作对象”和“工作要求”

工作对象	工作要求
1. 产品开发任务书、技术方案的阅读分析，与客户、部门主管等相关人员的沟通，工作标准和工作要求的确认	1. 能明确开发任务的工作内容、时间和技术要求，明确首席技术官的技术架构方案，获取系统安装布局、管理方式等客户现场信息
2. 技术文献、设计案例的查阅分析，系统功能性、经济性、环保性等指标要求的分析，设计方案的制定	2. 能借助协议栈、芯片手册等专业技术资料，在满足开发任务书要求的功能参数、成本要求及 RoHS 等环保标准前提下，拟定开发设计方案，明确开发思路、技术手段、工作时间进度
3. 设计方案的审核确认	3. 能利用文稿、PPT 等形式向部门主管汇报设计方案，并根据反馈意见完善、确定最终设计方案
4.ZigBee 硬件程序的开发设计	4. 能依据设计方案，在满足程序编写规范性、可读性、一致性的要求下，按时完成 ZigBee 程序开发与调试
5.ZigBee 无线控制系统的性能测试与评估	5. 能在使用现场条件下，依据任务书技术要求、无线电管理条例、3C 认证等标准对已开发系统进行测试与评估，并实事求是地填写工作记录表，作业过程中严格执行安全生产制度
6. 控制系统使用说明文档的编制，设计开发案例的撰写，项目资料的交付验收	6. 项目交付资料内容完整（包含源代码、架构图、说明文档、总结报告等）、格式规范，系统使用说明和开发案例文档符合企业文件编制管理要求和用户阅读习惯，图文并茂、易读易用

5. 根据上述“工作对象”和“工作要求”的分析结果完成以下工作：逐一梳理“工作对象”每一阶段所需应用的设施设备、仪器仪表、工具材料及相关学习资料；从工作层面、组织层面和技术层面分别梳理完成代表性工作任务所需应用的工作方法；从工作层面、组织层面梳理完成代表性工作任务所采用的劳动组织方式，以此说明该代表性工作任务是个人独立完成还是团队合作完成，在完成该代表性工作任务过程中与其他职业或者部门的合作关系及责任边界等。

例如，电子技术应用工作领域“ZigBee 无线模块程序设计”代表性工作任务的分析如下表所示。

“ZigBee 无线模块程序设计”代表性工作任务的分析

工作对象	工具、材料、设备与资料	工作方法	劳动组织方式
1. 产品开发任务书、技术方案的阅读分析，与客户、部门主管等相关人员的沟通，工作标准和工作要求的确认		技术方案的分析方法	由部门主管处接受开发设计任务，与客户沟通明确功能需求，与首席技术官沟通明确技术架构方案
2. 技术文献、设计案例的查阅分析，系统功能性、经济性、环保性等指标要求的分析，设计方案的制定	工具：WPS Office 软件 设备：计算机 资料：ZigBee 协议栈、常用电子元器件手册	中外文资料和技术文档的查阅方法	
3. 设计方案的审核确认	工具：WPS Office 软件 设备：计算机 资料：ZigBee 协议栈、常用电子元器件手册	中外文资料和技术文档的查阅方法	向部门主管汇报可行性设计方案

教师笔记

重点提示

关注实践专家在完成工作各环节过程中工作方法的提炼。

教师笔记

续表

工作对象	工具、材料、设备与资料	工作方法	劳动组织方式
4.ZigBee 硬件程序的开发设计	工具：常用电子产品装配调试工具（电烙铁、尖嘴钳、斜口钳、镊子、螺钉旋具）、防静电手环、编程软件、下载器和仿真软件 材料：标准化的 ZigBee 无线模块硬件、连接线 设备：计算机、万用表	模块化编程方法、中外文资料和技术文档的查阅方法	
5.ZigBee 无线控制系统的性能测试与评估	工具：常用电子产品装配调试工具（电烙铁、尖嘴钳、斜口钳、镊子、螺钉旋具）、防静电手环、编程软件、下载器和仿真软件 材料：标准化的 ZigBee 无线模块硬件、连接线 设备：计算机、万用表、频谱仪、抓包分析仪、直流功率计 资料:《电子组件的可接受性》(IPC-A-610)、《中华人民共和国无线电管理条例》、产品 3C 认证管理规定、安全操作规程	模块化编程方法、频谱仪和直流功率计的使用方法、抓包逻辑分析方法	
6. 控制系统使用说明文档的编制，设计开发案例的撰写，项目资料的交付验收	工具：WPS Office 软件 设备：计算机	技术文档的编写方法	开发完成后将产品交付部门主管验收

6. 根据“代表性工作任务描述”和“工作内容分析”的结果，逐条梳理归纳完成该代表性工作任务的“职业能力要求”。

应关注代表性工作任务每一阶段（环节或步骤）所需具备的通用能力和职业素养，可将通用能力和职业素养融入相应的职业能力要求中，必要时也可单列一条。例如，电子技术应用工作领域“ZigBee 无线模块程序设计”的职业能力要求如下：

（1）能根据产品开发任务书，与部门主管、客户等相关人员进行沟通，明确开发任务的工作内容、技术要求和初定的技术架构方案，并能根据系统安装布局、管理方式等客户现场信息，提出创新性建议，提升产品功能。

（2）能查阅 ZigBee 协议栈、芯片手册等中英文技术文档，结合系统功能性、经济性、环保性等指标要求，制定可行性设计方案，明确开发思路、技术手段、工作时间进度等内容。

（3）能利用文稿、PPT 等方式呈现可行性方案主要内容，条理清晰、表达流畅地向部门主管汇报，并根据反馈意见完善、确定最终设计方案。

（4）能依照安全性、环保性及程序编写规范等相关设计标准，创新 ZigBee 无线模块通信和控制方式，攻克程序设计技术难点，在规定的时间内完成 ZigBee 无线模块的程序设计、调度信息对接、系统控制调试等开发设计内容。

（5）能根据任务书和设计方案要求，在符合安全操作规程的基础上，按照无线电管理条例、《电子组件的可接受性》（IPC-A-610）等标准对项目设计进行测试与评估，并实事求是地填写工作记录表，作业过程严格执行安全生产制度，在工作任务单上填写自检结果。

重点提示

关注代表性工作任务每一阶段（环节或步骤）所需具备的通用能力和职业素养。

教师笔记

教师笔记

（6）能规范完成控制系统使用说明文档的编制、开发案例的撰写，将完备的项目开发资料交付部门主管验收，并总结开发设计经验，分析不足，提出改进措施。

7. 检查确认每一个代表性工作任务的“代表性工作任务描述表”并汇总。

第二步：如何梳理代表性工作任务的分析结果，填写“典型工作任务描述表”？

1. 了解“典型工作任务描述表”的结构及编制要求。

典型工作任务描述表

<table>
<tr><td>典型工作任务名称</td><td colspan="2">写法：名词 + 动词</td></tr>
<tr><td colspan="3">典型工作任务描述</td></tr>
<tr><td colspan="3">典型工作任务描述包括工作范畴、工作主体、工作过程和工作要求（规范）四个要素。
工作范畴：做什么，即生产哪些产品或提供哪些服务。
工作主体：谁来做，即这类工作由哪类企业的哪些岗位人员完成，以及工作价值。
工作过程：如何做，可按照计划、实施、工作结果的检查和评价等环节描述。
工作要求（规范）：如何做好，即完成任务所应遵循的标准、规范或合同要求</td></tr>
<tr><td colspan="3">工作内容分析</td></tr>
<tr><td>工作对象：
按照工作过程描述完成典型工作任务的具体环节 / 步骤</td><td>工具、材料、设备与资料：
完成任务所使用到的设施设备、仪器仪表、工具材料、文献材料等
工作方法：
列举各工作环节所需要的工作层面、组织层面或技术层面的方法
劳动组织方式：
完成工作任务的分工方式，如工作方式安排（独立或合作），与其他职业或部门的合作关系及分界等</td><td>工作要求：
完成工作各环节应遵循的规范、标准和要求，如产品质量标准、行业技术标准、企业要求、客户要求、对从业者的要求等</td></tr>
</table>

续表

职业能力要求		
根据“工作内容分析”的结果，按照工作过程思维，梳理归纳完成典型工作任务及各环节或步骤需要具备的思政素养、专业能力和通用能力。 写法：可按照“依据 × × 工作标准或工作规范，具备 × × 职业素养及思政素质，完成 × × 工作，形成 × × 成果”的逻辑结构进行描述		
代表性工作任务		
任务名称	任务描述	工作时间
写法：名词 + 动词	参照“典型工作任务描述”的要求及体例，描述代表性工作任务的工作范畴、工作主体、工作过程和工作要求（规范）	完成该任务需要的工作时间

2. 遵循代表性工作任务分析技术路径及要求，归纳梳理代表性工作任务的分析结果，填写“典型工作任务描述表”。

“典型工作任务描述”一栏中的“工作范畴”需阐述该典型工作任务“做什么”及其工作价值，说明该典型工作任务包含哪些代表性工作任务，并阐明完成这些代表性工作任务可产生什么价值。

3. 归纳总结典型工作任务的职业能力要求，要确保通用能力和职业素养能够充分反映职业特性和典型工作任务的特殊要求。例如，电子技术应用工作领域的典型工作任务“电子产品开发与设计”的职业能力要求如下：

（1）能根据产品开发合同，与客户、部门主管等相关人员进行专业沟通，明确工作内容和要求，并提出创新性建议。

（2）能查阅相关中英文技术文档，结合项目功能性、经济性、环保性等指

重点提示

“工作范畴”既需阐述该典型工作任务“做什么”，还需阐明其工作价值。

教师笔记

教师笔记

标要求，分析和选择最优技术方案，梳理开发思路、技术手段、工作时间进度等内容，制定可行性方案。

（3）能向部门主管汇报可行性方案内容，根据反馈意见完善、确定最终设计方案，成立项目组并依据成员技术特长完成任务分解。

（4）能按照设计方案开发流程，根据《印制板验收标准》（IPC-A-600）等设计标准，组织团队攻克技术创新难点，在规定时间内完成电子产品开发与设计任务的电路原理设计、PCB 设计、程序设计、样机制作与测试、产品使用说明书编制等任务。

（5）能根据开发设计方案要求，按照《电子组件的可接受性》（IPC-A-610）等标准，对项目设计产品进行功能性、可靠性测试和工艺规范性检查，实事求是地填写自检结果。

（6）能撰写案例分析和产品开发总结报告等文档，将项目开发资料交付部门主管验收，总结开发设计经验，分析不足，提出改进措施。

4. 典型工作任务描述表“代表性工作任务”一栏中的“任务描述”与代表性工作任务描述表中的“代表性工作任务描述”的内容相同。

第三步：如何根据行业企业调研报告、典型工作任务列表和典型工作任务描述表，填写“培养目标和要求表”？

1. 了解“培养目标和要求表”的结构及编制要求。

2. 根据工作环节二中确定的《行业企业调研报告》和本环节“典型工作任务描述表”的输出成果，进行归纳、梳理、确认，填写“培养目标和要求表”中的“总体目标”和“层级目标”。

教师笔记

培养目标和要求表

<table>
<tr><th colspan="3">总体目标</th></tr>
<tr><td colspan="3">描述本专业技能人才应面向哪些行业、哪类企业就业，能胜任的岗位或岗位群，应具备的思政素养、职业能力要求</td></tr>
<tr><th colspan="3">层级目标</th></tr>
<tr><td>中级技能</td><td colspan="2" rowspan="3">描述本专业本层级技能人才应面向哪些行业、哪类企业就业，能胜任的岗位或岗位群，应具备的思政素养、职业能力要求</td></tr>
<tr><td>高级技能</td></tr>
<tr><td>技师（预备技师）</td></tr>
<tr><th colspan="3">培养要求</th></tr>
<tr><th>培养层级</th><th>典型工作任务</th><th>职业能力要求</th></tr>
<tr><td>中级技能</td><td rowspan="3">参照“典型工作任务列表”，列举本专业本层级的典型工作任务名称</td><td rowspan="3">描述完成典型工作任务所需的职业能力，包含专业能力和通用能力</td></tr>
<tr><td>高级技能</td></tr>
<tr><td>技师（预备技师）</td></tr>
</table>

3. 根据工作环节三“典型工作任务列表”中确定的典型工作任务，列举“培养目标和要求表”中的典型工作任务名称。

4. 根据本环节“典型工作任务描述表”中的“职业能力要求”，填写“培养目标和要求表”中的“职业能力要求”。

第三部分

培养模式

培养模式

培养模式是基于校企合作、产教融合的培养体制和运行机制。编制要求及产出如下：

表 3　培养模式表

<table>
<tr><th colspan="2">培养体制</th></tr>
<tr><td colspan="2">依据校企合作、产教融合的政策和制度，基于本专业技能人才培养目标、培养过程和培养评价，说明校企双方具体的合作模式及双方责权利，以及为促进工学结合、校企合作提供的组织建设、制度支撑、机制建设和管理保障</td></tr>
<tr><th colspan="2">运行机制</th></tr>
<tr><td>中级技能</td><td>按照中级技能人才能力特征和培养要求，本层级可采取“学校为主，企业为辅”的合作模式，描述校企双方在“八个共同”*等方面的具体责任和运行方式</td></tr>
<tr><td>高级技能</td><td>按照高级技能人才能力特征和培养要求，本层级可采取“校企双元，人才共育”的合作模式，描述校企双方在“八个共同”等方面的具体责任和运行方式</td></tr>
<tr><td>技师（预备技师）</td><td>按照技师能力特征和培养要求，本层级可采取“企业为主，学校为辅”的合作模式，描述校企双方在“八个共同”等方面的具体责任和运行方式</td></tr>
</table>

* “八个共同”指共创培养模式、共同招生招工、共商专业规划、共议课程开发、共组师资队伍、共建实训基地、共评培养质量、共搭管理平台。

工作环节五

培养模式确立

教师笔记

一、为什么要确立人才培养模式?

人才培养模式是在一定的职业教育思想和理念指导下，对培养目标、培养规格、培养过程、培养方法和途径、培养管理及培养环境的系统组合，是对人才培养工作的顶层设计、体系建构和科学管理。确立人才培养模式，可以为课程模式、教学模式和评价模式的确立提供依据，形成人才培养的稳定状态，确保人才培养质量。

二、怎样确立人才培养模式?

人才培养模式确立主要包括培养体制的确定和运行机制的确定。

三、确立过程有何技术要点?

（一）如何确立培养体制?

依据校企合作、产教融合的政策和制度，基于本专业技能人才培养目标、过程和评价，说明校企双方具体的合作模式及双方责权利，以及为促进工学结合、校企合作提供的组织建设、制度支撑、机制运行和管理保障。

（二）如何确立运行机制?

按照中级技能、高级技能、技师（预备技师）不同层级技能人才的能力特征和培养要求进行确定。中级技能层级按照中级技能人才能力特征和培养要求，可采取“学校为主，企业为辅”的合作模式，描述校企双方在“八个共同”等方面的具体责任和运行方式。高级技能层级按照高级技能人才能力特征和培养要求，可采取“校企双元，人才共育”的合作模式，描述校企双方在“八个共同”等方面的具体责任和运行方式。技师（预备技师）按照技师能力特征和培养要求，可采取“企业为主，学校为辅”的合作模式，描述校企双方在“八个共同”等方面的具体责任和运行方式。

运行机制应当按照培养层级的要求以及不同专业不同层级培养模式的特点进行描述。以校企双制为基础，工学一体为支撑，资源共享为保障，有效发挥校企双主体在人才培养共创培养模式、共同招生招工、共商专业规划、共议课程开发、共组师资队伍、共建实训基地、共评培养质量、共搭管理平台不同阶段的作用，明确描述学生综合职业能力培养的具体运行方式。

重点提示

注意不同培养层级、不同专业校企合作运行机制的差异。

教师笔记

教师笔记

八个共同

1. 共创培养模式。

描述学校与企业根据培养层级的特征深层次合作，协同育人的方法或手段。

2. 共同招生招工。

描述学校与企业如何按照企业要求和培养目标，共同安排招生招工计划，共同制定招生招工方案，共同组织招生招工。

3. 共商专业规划。

描述学校与企业如何针对产业或行业领域的岗位和技能要求，注意面向高新技术岗位和新的生产方式变革，把握好专业群课程体系与产业链、企业岗位群的对接，进行专业建设顶层设计。

4. 共议课程开发。

描述学校和企业如何建立企业参与课程开发的保障机制，按照课程开发技术路径，完成课程体系搭建和课程标准、课程资源的开发。

5. 共组师资队伍。

描述学校和企业如何通过人员互聘共组，完善教师企业实践机制，解决企业导师的工教矛盾，完成师资队伍的建设与培养。

6. 共建实训基地。

描述学校和企业如何以场地、设备、技术、材料等作为投入要素，合作共建兼具实践教学功能和生产服务功能的大师工作室、校内外实践基地、产业学院等场所，实现责权利明晰、互惠互利、协作共赢。

7. 共评培养质量。

描述学校和企业如何共同构建人才培养质量评价体系，对专业建设质量、学生综合职业能力等进行测评。

8. 共搭管理平台。

描述学校和企业如何通过建立校企双方组织管理协调机构，共同实施人才培养的全过程管理。

教师笔记

第四部分

课程安排

第四部分

课程安排

课程安排是针对本专业技能人才培养层级，对所涉及的一体化课程名称、开设顺序、基准学时及学期学时分配的规定。编制要求及产出如下：

表 4　课程安排表

<table>
<tr><th colspan="6">中级技能</th></tr>
<tr><th rowspan="2">序号</th><th rowspan="2">课程名称</th><th rowspan="2">基准学时</th><th colspan="3">学时分配</th></tr>
<tr><th>第 1 学期</th><th>……</th><th>第 n 学期</th></tr>
<tr><td></td><td></td><td>基准学时为选取的参考性学习任务的基准学时之和</td><td>应依据学校学习年限和教学安排确定。学时分配为最低设置要求</td><td>……</td><td>应依据学校学习年限和教学安排确定。学时分配为最低设置要求</td></tr>
<tr><td></td><td></td><td></td><td></td><td></td><td></td></tr>
<tr><th colspan="6">高级技能</th></tr>
<tr><th rowspan="2">序号</th><th rowspan="2">课程名称</th><th rowspan="2">基准学时</th><th colspan="3">学时分配</th></tr>
<tr><th>第 1 学期</th><th>……</th><th>第 n 学期</th></tr>
<tr><td></td><td></td><td></td><td></td><td></td><td></td></tr>
<tr><th colspan="6">技师（预备技师）</th></tr>
<tr><th rowspan="2">序号</th><th rowspan="2">课程名称</th><th rowspan="2">基准学时</th><th colspan="3">学时分配</th></tr>
<tr><th>第 1 学期</th><th>……</th><th>第 n 学期</th></tr>
<tr><td></td><td></td><td></td><td></td><td></td><td></td></tr>
</table>

工作环节六

一体化课程转化

教师笔记

一、为什么要进行一体化课程转化?

一体化课程转化的目的包括：判定典型工作任务的教学可行性及衡量转化后课程的容量；确保转化后的一体化课程遵循职业能力发展规律；符合人才培养目标要求和教育教学实际情况。

二、如何进行一体化课程转化?

一体化课程转化与转化表编制主要包含五个步骤。

第一步：分析判断典型工作任务可否转化为一体化课程。

第二步：分析判断是否需要拆解某些容量较大的一体化课程。

第三步：分析判断代表性工作任务可否转化为参考性学习任务。

第四步：确定参考性学习任务的基准学时。

第五步：编制“一体化课程转化表”。

三、每一步骤有何技术要点?

第一步：如何分析判断典型工作任务可否转化为一体化课程?

1. 分析典型工作任务的教学价值，判断其教学可实施性，以此判定该典型工作任务是否可转化为一体化课程。

2. 对于可转化为一体化课程的典型工作任务，原则上直接将其转化为一体化课程。必要时，可对典型工作任务名称进行教学化处理，确定一体化课程名称。

3. 对于没有教学可实施性的典型工作任务，不建议转化为一体化课程。对于有教学价值但教学可实施性较差的典型工作任务，可先转化为一体化课程，但在一体化课程标准编制过程中应注明要充分考虑该课程的教学实施条件和教学方式。

例如，对于某些比较特殊的行业，实践专家从事的代表性工作任务对工作环境、工作材料、设施设备等有比较特殊的要求，这些工作任务只能在特定的作业环境中才能开展，难以在学校教学环境下实施教学。对于这类情况，应特别注明如何通过校企合作方式，在企业工作环境中开展教学，或通过数字化技术手段实现教学转化。

4. 对于筛选确定的一体化课程，原则上按原有典型工作任务的序列进行排序。

第二步：如何分析判断是否需要拆解某些容量较大的一体化课程？

1. 审视每一门一体化课程对应的典型工作任务的工作过程、工作要求及其所包含的代表性工作任务，分析判断其课程容量。

2. 若发现某些课程的容量比较大，为了便于教学实施，可将该一体化课程进行适度分解，并重新命名一体化课程名称。

第三步：如何分析判断代表性工作任务可否转化为参考性学习任务？

1. 参考性学习任务是一体化课程的基本教学单元，是培养学生综合职业能力的重要载体。参考性学习任务依据代表性工作任务的工作情境、工作过程及职业能力要求，结合学生的学习基础和学习条件进行转化设计。

重点提示

教学可实施性良好：直接转化。

没有教学可实施性：不转化。

有教学价值但教学可实施性较差：转化时充分考虑教学实施条件和教学方式。

教师笔记

教师笔记

2. 通常情况下，通过分析代表性工作任务在教学实施过程中所需的教学实施软硬件条件、教学时间、学习者的学习基础、教师的教学经验等来判断代表性工作任务是否能够直接转化为参考性学习任务。

3. 对于可转化的代表性工作任务，原则上可将代表性工作任务直接转化为参考性学习任务。必要时，可对代表性工作任务名称进行教学化处理，确定参考性学习任务名称。对于确定的参考性学习任务，原则上按原有代表性工作任务的序列排序。

例如，电子技术应用工作领域的代表性工作任务“电风扇不启动故障检测与维修”“养生壶异常加热故障检测与维修”“LED 灯开关电源无输出电压故障检测与维修”“蓝牙音箱联机故障检测与维修”均可直接转化为参考性学习任务，并按代表性工作任务的序列排序。

4. 对于不能直接转化为参考性学习任务的代表性工作任务，要基于学生职业**成长规律**和**认知规律**进行**教学化处理**。根据教学资源条件、教师教学经验和学生学情确定参考性学习任务的**颗粒度**，即该任务、项目或活动所包含工作内容、所涉及知识技能的多少。通常情况下，可选择项目、任务、案例、活动、产品、问题等作为载体进行教学化处理，同时要考虑载体之间的关联性、难易程度、工作过程完整性、是否便于组织教学、是否满足教学条件等诸多因素。

例如，汽车钣金与涂装工作领域典型工作任务“汽车面漆喷涂”包含“素色漆喷涂”“银粉漆喷涂”“珍珠漆喷涂”3 个代表性工作任务，鉴于面漆喷涂教学实施成本较高，对喷枪操作和喷涂基本技能有较高的要求，可以设计为先完成“喷枪喷水”“复合板喷涂”2个参考性学习任务后，再进行“素色漆喷涂”的学习，以便更符合学生认知成长和职业能力发展的规律。

5. 对于不同层级的培养对象，可设计不同数量的参考性学习任务。

对于中级技能培养层级的学生，可设计数量较多的参考性学习任务，便于教学组织与实施。例如，电子技术应用专业中级技能层级的一体化课程“简单电子线路设计与制作”包含了“声光控延时开关设计与制作”等6个参考性学习任务，以帮助学生巩固电路原理图设计、PCB设计与制作等硬件电路基础知识和技能，养成在工作中学习的习惯。对于高级技能及以上培养层级的学生，应设计数量较少，但综合化程度较高的参考性学习任务，以培养学生解决复杂和综合问题的能力。例如，电子技术应用专业技师（预备技师）层级的一体化课程“电子产品开发与设计”包含了“电容式触摸开关电路设计”等4个软硬件相结合的参考性学习任务，培养学生硬件程序设计、软硬件系统综合调试等专业技能，提高学生解决复杂技术问题和项目管理的能力。

6. 参考性学习任务设计遵循并列关系、递进关系或包含关系的逻辑进行序化。

并列关系的学习任务必须相互独立，由难度系数相近的参考性学习任务组成。递进关系的学习任务，工作情境之间呈现简单到复杂、单一到综合、低级到高级的循序渐进关系。包容关系的学习任务，后一个学习任务应包含前一个学习任务的学习内容，环环相扣。三种关系的课程示例见下表。

教师笔记

重点提示

参考性学习任务序化的逻辑：并列关系、递进关系或包含关系。

教师笔记

三种关系的课程示例

	并列关系	递进关系	包含关系
专业	电子技术应用专业	机床切削加工（车工）专业	汽车钣金与涂装专业
一体化课程	电子产品疑难故障检修	简单零件普通车床加工	汽车面漆喷涂
参考性学习任务	计算机显卡故障检修 计算机主板供电电路故障检修 智能手机芯片脱落故障检修 计算机主板南北桥芯片故障检修	销轴车削 齿轮轴车削 衬套车削 圆锥齿轮车削 变径套车削	素色漆喷涂 银粉漆喷涂 珍珠漆喷涂
参考性学习任务之间的关系分析	几个任务分别选取了不同产品、不同模块的故障，其检测、维修手段均属于芯片级难度	几个任务同为简单零件加工，但复杂程度依次递增	三个任务分别为单工序、双工序、三工序，后面任务包含前面任务的工序内容

7. 一门一体化课程的参考性学习任务一般以 3 ~ 6 个为宜，并确保参考性学习任务的目标之和能够达成一门一体化课程的课程目标。

第四步：如何确定参考性学习任务的基准学时？

1. 根据“代表性工作任务描述表”及实际工作任务完成情况，确定代表性工作任务的工作时间。

2. 以代表性工作任务的工作时间为基础，综合考虑学生的学习基础、学习条件、目标要求，估算其对应的学习任务的参考学时。

第五步：如何编制“一体化课程转化表”？

1. 了解“一体化课程转化表”的结构及编制要求。

一体化课程转化表

序号	典型工作任务名称	代表性工作任务名称	工作时间	一体化课程名称	参考性学习任务名称	基准学时
1	典型工作任务 1	1.		一体化课程 1	1.	
		2.			2.	
		……			……	
		n.			*n*.	
2	典型工作任务 2	1.		一体化课程 2	1.	
		2.			2.	
		……			……	
		n.			*n*.	

2. 参照“典型工作任务列表”填写“一体化课程转化表”中的“典型工作任务名称”和“代表性工作任务名称”。

3. 将转化完成的一体化课程和参考性学习任务填写到“一体化课程转化表”中的“一体化课程名称”和“参考性学习任务名称”栏目中。

4. 将代表性工作任务的工作时间和参考性学习任务的参考学时填写到“一体化课程转化表”中的“工作时间”和“基准学时”栏目中。

5. 一体化课程的学时应根据其所涵盖的参考性学习任务学时之和确定。

教师笔记

工作环节七

一体化课程框架确立

教师笔记

一、为什么要确立一体化课程框架?

在确定“一体化课程转化表”中一体化课程的基础上，还要综合考量本专业人才培养目标要求和学生认知发展规律，分析根据世界技能大赛技术标准和评价标准转化的课程，以及设置专业基础课程的必要性和可行性，以此通过整体设计课程序列，考量一体化课程的体系化框架，为课程安排表的制定奠定基础。

依据确定的“一体化课程框架表”，在综合考虑人才培养目标要求及公共基础课程、基本技能课程、专项技能课程、专业理论课程、专业拓展课程等课程类型的基础上，对一体化课程进行合理设置，不仅能够确保人才培养目标的达成，而且使一体化课程在课程总体安排中的定位、结构、开设顺序和占比更合理，为技能人才培养工作的实施奠定基础。

二、如何确立一体化课程框架?

确立一体化课程框架和编制课程安排表主要包含两个步骤。

第一步：确立一体化课程框架，编制“一体化课程框架表”。

第二步：编制“课程安排表”。

三、每一步骤有何技术要点?

第一步：如何确立一体化课程框架并编制“一体化课程框架表”？

1. 了解“一体化课程框架表”的结构及编制要求。

一体化课程框架表

培养层级	序号	课程名称	参考性学习任务

2. 将工作环节六“一体化课程转化表”中确定的一体化课程及其参考性学习任务按不同培养层级填写在“一体化课程框架表”中。

教师笔记

教师笔记

3. 依据《技工院校公共基础课程方案(2022年)》的要求设置**公共基础课程**，综合考虑人才培养目标、专业特质和学生学情，合理设置**专业基础课程**，包括**基本技能课程**、**专项技能课程**和**专业理论课程**等。根据学生的学习基础，在初入学阶段可安排职业认知课程，以对所学专业进行职业的整体认知。在中级技能培养层级可安排基本技能课程和专项技能课程等专业基础课程，作为一体化课程学习的基础和支撑。

例如，工业设计专业需要利用工业设计软件绘制手绘效果图、二维效果图、三维效果图等，因此，进行一体化课程学习之前，可安排“综合造型基础”“产品制图”等基本技能课程和学习 Photoshop、Illustrator、CorelDRAW 等工业设计软件的“图像处理”等专项技能课程。又如，在电子技术应用专业中级技能培养阶段可安排“机械与电气识图”课程，以支撑“电子工程系统安装与调试”一体化课程的学习；在高级技能及以上培养阶段可安排专业理论课程，作为一体化课程学习的支撑，如安排“单片机应用技术”课程，以支撑“简单电子产品设计与制作”一体化课程的学习。**对于上述专业基础课程设置的必要性和可行性，可对应分析一体化课程，必要时，可考虑调整、增加一体化课程或相关参考性学习任务**。

4. 将所开发专业的“培养目标和要求表”“典型工作任务列表”“典型工作任务描述表”“代表性工作任务描述表”与世界技能大赛竞赛项目的技术标准和评价标准等技术文件进行对照分析。根据竞赛项目及其竞赛模块划分的颗粒度判断是否调整、增加一体化课程或相关参考性学习任务。

通常包括以下三种情况：

一是，竞赛项目及其技术标准和评价标准所涉及内容“大于”开发专业人才培养目标和要求的范围。对照分析后，如该竞赛项目所规定的技术标准、评价标准及其竞赛模块所涉及内容超出本专业人才培养目标和要求，则需研判有无必要增加一体化课程或增设专业拓展课程。例如，世界技能大赛工业机械竞赛项目，竞赛内容和要求包括固定式工业机械、机械装备、自动化系统和机器人系统等方面的维护与修理，远远超出和高于机械设备维修专业的人才培养目标和要求，则需要审慎判断是否增加一体化课程，如确认增加一体化课程，则需对人才培养目标和要求做出相应调整。

二是，竞赛项目及其技术标准和评价标准所涉内容“等于”开发专业人才培养目标和要求的范围。对照分析后，如该竞赛项目所规定的技术标准、评价标准及其竞赛模块所涉及内容与本专业人才培养目标和要求总体一致，则将该竞赛项目所规定的技术标准、评价标准及其竞赛模块所涉及内容融入一体化课程及其参考性学习任务，也可根据需要增设一体化课程。例如，世界技能大赛时装技术竞赛项目涉及立体造型制作、服装系列设计、服装制版、服装设计制作、服装装饰设计五个竞赛模块，其内容与服装设计与制作专业的人才培养目标和要求总体一致，则可将该竞赛项目的技术标准和评价标准有效融入相关一体化课程中。再如世界技能大赛平面设计技术竞赛项目包含广告设计、编辑设计、企业和信息设计、包装设计四个竞赛模块，其内容与平面设计专业的人才培养目标和要求相对一致，为顺应平面设计技术发展和动态图形设计需求趋势，可增设一门“动态图形设计”一体化课程。

重点提示

对照分析竞赛项目及其技术标准和评价标准所涉及内容与人才培养目标和要求，是“大于”“等于”还是“小于”的关系。

教师笔记

教师笔记

三是，竞赛项目及其评价标准和技术标准所涉及内容“小于”开发专业人才培养目标和要求的范围。对照分析后，如该竞赛项目所规定的技术标准、评价标准及其竞赛模块所涉及的内容仅对应部分一体化课程或部分参考性学习任务，则仅需考虑是否融入、调整或增加一体化课程或参考性学习任务。例如，世界技能大赛货运代理竞赛项目包括客户获取、报价计算、运输管理、费用计算、海运操作、投诉处理和索赔处理七个竞赛模块，其内容对应现代物流专业“国际货运代理运作”这门一体化课程，只需将竞赛模块内容与对应的参考性学习任务进行对照分析，判断是否需要调整参考性学习任务名称或者增加参考性学习任务即可。又如西式面点专业包含“面包制作”“烘焙面包”“烘焙蛋糕”“蛋糕装饰”“工艺造型”“甜品制作”等一体化课程，而世界技能大赛烘焙竞赛项目的主要竞赛模块的内容是烘焙法式面包、羊角面包、布里欧修等各类面包，则仅需将竞赛模块内容与“面包制作”这门一体化课程的参考性学习任务进行对照，判断是否需要融入、调整或者增加参考性学习任务即可。再如世界技能大赛电子技术竞赛项目包含电路板设计、嵌入式系统编程、电路板安装与调试三个竞赛模块，其内容仅对应电子技术应用专业“电子产品开发与设计”一门一体化课程。因此，将竞赛模块与参考性学习任务进行对照分析，增加了“电梯模拟器硬件及程序设计”这一参考性学习任务。

5. 由世界技能大赛竞赛项目技术标准和评价标准转化而来的一体化课程或参考性学习任务，需与“一体化课程转化表”中所列课程和参考性学习任务进行对照和梳理，确保一体化课程和参考性学习任务的设置与排序符合技能人才培养规律、学生职业成长和认知发展规律。最终总体梳理和确认“一体化课程框架表”中的“培养层级”“课程名称”和“参考性学习任务”。

6. 根据世界技能大赛竞赛项目或竞赛模块的工作时间和训练时间，估算转化后的一体化课程或参考性学习任务的学时。

第二步：如何编制“课程安排表”？

1. 了解“课程安排表”的结构及编制要求。

课程安排表

<table>
<tr><th colspan="6">中级技能</th></tr>
<tr><th rowspan="2">序号</th><th rowspan="2">课程名称</th><th rowspan="2">基准学时</th><th colspan="3">学时分配</th></tr>
<tr><th>第 1 学期</th><th>……</th><th>第 n 学期</th></tr>
<tr><td></td><td></td><td>基准学时为选取的参考性学习任务的基准学时之和</td><td>应依据学校学习年限和教学安排确定。学时分配为最低设置要求</td><td>……</td><td></td></tr>
<tr><td></td><td></td><td></td><td></td><td></td><td></td></tr>
<tr><th colspan="6">高级技能</th></tr>
<tr><th rowspan="2">序号</th><th rowspan="2">课程名称</th><th rowspan="2">基准学时</th><th colspan="3">学时分配</th></tr>
<tr><th>第 1 学期</th><th>……</th><th>第 n 学期</th></tr>
<tr><td></td><td></td><td></td><td></td><td></td><td></td></tr>
<tr><th colspan="6">技师（预备技师）</th></tr>
<tr><th rowspan="2">序号</th><th rowspan="2">课程名称</th><th rowspan="2">基准学时</th><th colspan="3">学时分配</th></tr>
<tr><th>第 1 学期</th><th>……</th><th>第 n 学期</th></tr>
<tr><td></td><td></td><td></td><td></td><td></td><td></td></tr>
</table>

教师笔记

教师笔记

2. 充分考虑本专业人才培养的学制要求、每一培养层级的总学时、课程类型等因素，合理安排一体化课程和基准学时。其中，学制包含初中起点三年、初中起点五年、初中起点六年、高中起点三年、高中起点四年等；原则上按照每学期 20 周，每周 30 学时，每学年共 1200 学时计算每一学制的总学时。课程类型包括公共基础课程、专业基础课程（含基本技能课程、专项技能课程、专业理论课程等）、一体化课程、专业拓展课程和岗位实习课程等。

3. 对于一体化课程，原则上根据本专业人才培养目标要求、技能人才培养规律、学生职业成长和认知发展规律进行排序，同时处理好同一培养层级中不同课程类型之间的关系。

4. 本书只涉及一体化课程安排，课程安排表示例中的学时分配为最低设置要求，各院校可根据实际情况适当调整。

示例：电子技术应用专业技师（预备技师）层级（高中起点四年）一体化课程安排表

序号	课程名称	基准学时	学时分配							
			第1学期	第2学期	第3学期	第4学期	第5学期	第6学期	第7学期	第8学期
1	简单电子产品装配与调试	140	140							
2	电子工程系统安装与调试	140		140						
3	电子产品简单故障维修	180			180					
4	简单电子线路设计与制作	160			160					
5	复杂电子产品装配与调试	180				180				
6	电子工程系统故障检修	160				160				
7	电子产品复杂故障检修	180					180			
8	简单电子产品设计与制作	180					180			
9	电子产品开发与设计	240						240		
10	电子产品疑难故障检修	240						120	120	
11	电子工程系统方案设计	180							180	
12	电子技术工作指导和培训	70							70	
总学时		2050	140	140	340	340	360	360	370	

第五部分

课程标准

课程标准

课程标准是对一体化课程名称、基准学时、课程目标、典型工作任务描述、学习内容、参考性学习任务、教学实施建议、教学考核要求的规定。编制要求及产出如下：

表 5　课程标准表

<table>
<tr><td colspan="2">一体化课程名称</td><td></td><td>基准学时</td><td></td></tr>
<tr><td colspan="5">典型工作任务描述</td></tr>
<tr><td colspan="5">参照“典型工作任务描述表”描述</td></tr>
<tr><td colspan="5">工作内容分析</td></tr>
<tr><td colspan="2">工作对象：
参照“典型工作任务描述表”描述</td><td colspan="2">工具、材料、设备与资料：
参照“典型工作任务描述表”描述
工作方法：
参照“典型工作任务描述表”描述
劳动组织方式：
参照“典型工作任务描述表”描述</td><td>工作要求：
参照“典型工作任务描述表”描述</td></tr>
<tr><td colspan="5">课程目标</td></tr>
<tr><td colspan="5">依据各层级技能人才培养要求，描述学习完本课程后学生能胜任的工作或应具备的思政素养、职业能力要求。表述应尽量量化和具体，以易于判断学生是否达到职业能力要求，以及判断其掌握的程度，使课程目标易于验证</td></tr>
<tr><td colspan="5">学习内容</td></tr>
<tr><td colspan="5">描述每一条课程目标所对应的思政、知识、技能、素养等</td></tr>
<tr><td colspan="5">参考性学习任务</td></tr>
<tr><td>序号</td><td>名称</td><td colspan="2">学习任务描述</td><td>参考学时</td></tr>
<tr><td></td><td></td><td colspan="2"></td><td></td></tr>
<tr><td></td><td></td><td colspan="2"></td><td></td></tr>
<tr><td></td><td></td><td colspan="2"></td><td></td></tr>
<tr><td colspan="5">教学实施建议</td></tr>
<tr><td colspan="5">应针对不同的参考性学习任务描述对师资能力、场地设施设备、工具材料、教学资料等教学资源配备和教学管理的要求</td></tr>
<tr><td colspan="5">教学考核要求</td></tr>
<tr><td colspan="5">应针对不同的参考性学习任务描述过程性考核和终结性考核的方式。
过程性考核可采用自我评价、小组评价、教师评价和企业专家评价相结合的方式，考核学生在学习和工作过程中的学习态度、职业素养和阶段性工作成果或学习成果等。
终结性考核应以学习任务或工作任务为载体，采用笔试和实操方式，考核学生的职业素养和综合职业能力。学习任务或工作任务应包括任务名称、任务情境、任务要求、参考资料，可参考世界技能大赛竞赛项目技术标准和评价标准进行设计</td></tr>
</table>

工作环节八

课程标准编制

教师笔记

一、为什么要编制课程标准?

课程标准编制的目的是明确各门一体化课程的课程目标和学习内容，选定参考性学习任务，估算基准学时，提出教学实施和考核评价建议，并梳理和调整各课程之间的逻辑关系，为一体化课程的教学实施提供依据。

二、怎样编制课程标准?

编制课程标准主要包含六个步骤。

第一步：了解课程标准的结构及编制要求。

第二步：确定课程目标。

第三步：描述学习任务和确定参考学时。

第四步：分析学习内容。

第五步：编制教学实施建议。

第六步：确定教学考核要求。

三、每一步骤有何技术要点?

第一步：了解课程标准的结构及编制要求（详见第 74 页表格）。

第二步：如何确定课程目标?

1. 课程目标可分为综合目标和具体目标两部分。综合目标是该门课程的总目标，可明确学生学习完该门课程应胜任什么范畴的代表性工作任务，达成怎样的目标和要求，反映该门课程的学习价值。**具体目标**是明确学生在工作过程中达到各工作步骤具体工作要求的学习目标，可参考“学生在什么情况下，获取哪些资源，学习并应用哪些知识、技术、技能或方法，按照什么工作标准或工作规范，完成什么工作，形成什么工作成果或学习成果”的体例进行描述，做到简明扼要，条分缕析。

2. 课程目标原则上由其对应的典型工作任务描述表的“职业能力要求”**转化而来**。对照职业能力要求，充分考虑课程实施条件、课程基准学时安排、学生学情分析等因素，进行教学化处理后合理描述课程目标。课程目标的内容表述应尽量量化和具体，使课程目标易于验证。

例如，在电子技术应用专业“简单电子线路设计与制作”课程中，对完成典型工作任务的职业能力要求中“能读懂工作任务单，与项目经理和采购等相关人员进行专业沟通，对设计方案进行研判，明确设计与制作工作的内容及时间要求。”一项，结合课程实施的条件和学情，相应课程目标可描述为“能读懂工作任务单，识别电气原理图的元器件符号，理解设计图纸和信号流程，必要时与教师或同学进行专业沟通，明确设计与制作工作的内容、时间和技术要求”。

3. 课程目标的确定需结合该专业采用的人才培养模式，充分考虑“职业能力要求”**是否全部达成**，“劳动组织方式”在教学场景中**是否具备可实施性**，以此合理调整课程目标的表述。

例如，在现代物流工作领域的典型工作任务“运输业务操作”中包括公路运输运行作业、铁路运输运行作业、水路运输运行作业、航空运输运行作业等

教师笔记

重点提示

职业素养往往具有一定的行业特定和职业特质要求。

课程目标通常包含通用职业能力、职业素养和思政素养三个要素。

教师笔记

多种方式，包含订单受理、运单填制、信息录入、运费收取、货物装卸、安全排查、货物在途跟踪、货物交接、资料归档等多个环节，要由客服员、操作员、信息员（录单员）等多个岗位合作完成。其中货物装卸、货物在途跟踪、货物交接等环节的实施及其劳动组织方式，在教学场景中不具备可操作性，需要根据教学情况调整课程目标的表述。

4. 课程目标要充分**体现课程思政育人**的要求，通常包含**通用职业能力**、**职业素养**和**思政素养**三个要素。通用职业能力要素包括自主学习能力、自我管理能力、信息检索能力、理解与表达能力、交往与合作能力、创新思维能力、解决问题能力等；职业素养要素包括时间意识、效率意识、成本意识、诚实守信、遵规守纪、审美素养、创新思维、环保意识、市场意识、服务意识等；思政素养要素包括理想信念、社会主义核心价值观、劳动精神、工匠精神、劳模精神等。其中，职业素养往往具有一定的行业特定和职业特质要求，如市场营销专业强调市场意识、服务意识；会计专业强调诚实守信、遵规守纪；设计类专业强调审美素养和创新思维等。

5. 按照工作过程逻辑梳理撰写课程目标时，课程思政育人要求应**恰当融入工作和学习过程**，并注意处理不同培养层级课程中思政育人目标的差异。

6. 与世界技能大赛竞赛项目相关的课程，课程目标要体现世界技能大赛竞赛项目技术标准和评价标准的要求。对于世界技能大赛竞赛项目转化设置的一体化课程，宜按照典型工作任务转化而来的一体化课程目标描述的技术要点，按照工作过程的思维逻辑进行分述。

例如，在电子技术应用专业“电子产品开发与设计”课程中包含一个由世界技能大赛竞赛项目转化而来的学习任务，其课程目标表述为“能组织成员依照设计方案及世界技能大赛电子技术项目技术标准要求（如电气原理图设计标准、PCB 设计规范、元器件焊接标准、原型板安装标准等），分工完成产品的电气原理图设计、PCB 设计与制作、硬件程序设计、整机装配等工作内容，并阐述软硬件接口等技术要点”。

7. 应对每门一体化课程所包含的参考性学习任务的学习目标进行系统化梳理，确保各参考性学习任务的学习目标总和满足该课程目标的要求。对于不能满足要求的，应在相应的参考性学习任务中进行补充，并审视各参考性学习任务目标的逻辑顺序；对于重复的学习目标需进行必要的删减或修订。

8. 对所有课程目标进行系统化梳理，核对各门课程目标的逻辑关系，确保课程目标总和满足各层级人才培养目标及总体人才培养目标的要求。

第三步：如何描述学习任务和确定参考学时?

参考性学习任务的描述，根据参考性学习任务的来源及其教学可实施性，可分为三种情况。

第一种情况是由代表性工作任务直接转化而来的参考性学习任务，参考性学习任务描述可参照代表性工作任务描述，但需结合“劳动组织方式”在一体化课程教学环境中的可实施性做相应调整。

例如，电子技术应用专业“电子产品开发与设计”课程中的参考性学习任务“电容式触摸开关电路设计”源自代表性工作任务，其劳动组织方式由企业项目组转化为班级学习组，该任务描述为：

教师笔记

重点提示

参考性学习任务描述需在代表性工作任务描述基础上结合“劳动组织方式”在一体化课程教学环境中的可实施性做相应调整。

教师笔记

某 LED 企业研发部接到触摸台灯控制电路设计任务，要求设计一个触摸开关模块。模块采用电容式、感应距离为 0 ～ 4 mm、平均功耗 <20 mA、工作电源为 5 V/1 A，可控制 5 W 以下的 LED 的通断；为节约成本，不采用继电器的通断方式，电路采用单面板实现，要求 3 个工作日内完成该项目。

学生从指导教师处领取任务后，以小组为单位，结合产品功能、结构特点，选定核心芯片，查阅相关中英文技术文献和设计案例，分解开发任务，拟定可行性方案；小组成员分工完成硬件电路设计、控制程序设计、模块电路装配等任务，检测灵敏度、功率、抗干扰等技术指标，整机调试合格后，编制产品使用说明书、撰写开发案例；项目完成后交付指导教师验收。

在工作过程中遵循安全生产管理规定，电路设计应符合 PCB 设计规范、BOM（ECN）检验标准、《印制板验收标准》（IPC-A-600）行业标准和 PCB 设计作业流程，控制程序符合国际编写规范，具备易读性和可移植性。

对于与世界技能大赛竞赛项目或竞赛模块相对应的参考性学习任务，需体现该竞赛项目的技术标准和评价标准。例如，电子技术应用专业“电子产品开发与设计”课程中的参考性学习任务“电梯模拟器硬件及程序设计”源自世界技能大赛竞赛项目，该任务描述为：

某电子产品设计公司收到一项电梯模拟器设计任务，要求在模拟器电路板上以 LED 灯和按键的板载模型方式实现普通电梯常用控制功能，其中核心控制器采用 ST 公司的 stm32L052 芯片，需在 3 个工作日内完成软硬件的设计和原型机的制作调试。

学生从指导教师处领取任务后，根据任务书的要求，组建开发团队，查阅相关中英文技术文献和设计案例，分析产品功能指标、结构特点，拟定可行性方案；明确不同模块之间的控制器资源的软硬件约定后，项目组按照世界技能大赛技术标准要求分工完成电梯模拟器电路原理设计、硬件程序设计、在线仿真调试、PCB 设计、原型机制作等任务，整机调试合格后，编制产品使用说明书、撰写开发案例；项目完成后向指导教师提出验收申请。

在工作过程中遵循安全生产管理规定，电路设计应符合世界技能大赛电气原理图设计标准、PCB 设计规范、BOM（ECN）检验标准，原型板制作应符合原型板安装标准和《印制板验收标准》（IPC-A-600）行业标准，控制程序符合国际编写规范，具备易读性和可移植性。

第二种情况是受限于**教学实施条件**和所开发专业的**特殊性**的参考性学习任务，如涉及**生命和财产安全**、**对工作现场依赖程度较高**等，或需借助模拟环境或仿真环境实施教学的参考性学习任务，如养老服务、电工等职业。参考性学习任务的描述可参照代表性工作任务的描述结构，结合实际的教学实施方式进行描述。

例如，电子技术应用专业“电子工程系统安装与调试”课程中的参考性学习任务“中小企业安防监控系统安装与调试”，其实际工作场景为企业仓库，但在教学中需结合实训场地情况，改为安装工作间的模拟环境，该任务描述为：

某公司接到订单，准备为某企业 1000 m^2 的仓库安装安防系统，工程师已制定好施工方案并准备好安装工程图纸。现教师安排学生在理解该工程安装调试方案基础上，以实训室布线安装工作间为模拟环境实施安防系统安装调试任务。

学生从教师处接到安防系统的安装与调试任务后，根据任务书要求，查阅

教师笔记

重点提示

需借助模拟环境或仿真环境实施教学的参考性学习任务，应结合实际的教学实施方式进行描述。

教师笔记

重点提示

可将难度高或颗粒度大的代表性工作任务转化为一系列难度递增的参考性学习任务，描述时应准确界定各参考性学习任务的边界。

安防设备手册、说明书等资料，分析系统设计方案中的方框图、原理图、布局图、接线图等图纸信息；在教师指导下，结合实训模拟环境调整系统方案和工作流程；领取传感器、摄像头、中控机等终端设备和网络线缆等辅助材料，依工程安装图布局、设备线缆安装规范，完成终端设备安装、供电和通信线路铺设，使用网络测试设备进行设备组网、链路调试等配置；系统功能测试合格后，向教师提出验收申请，完成工作记录单。

在工作过程中严格遵守《线缆及线束组件的要求与验收》（IPC-A-620）等标准规范、安全生产管理规定、环保管理制度及6S管理规定，具备安全意识和环保意识。

第三种情况是针对**难度高**或**颗粒度大**的代表性工作任务，结合教学实施条件、技能人才培养规律和学生认知发展规律，对代表性工作任务进行教学转化而设计的**一系列难度递增**的参考性学习任务。这类参考性学习任务的描述需参照代表性工作任务的描述结构，通过描述任务实施过程以及完成任务的标准或要求，准确界定各参考性学习任务的边界。

参考性学习任务的参考学时依据“一体化课程转化表”中的参考性学习任务的基准学时填写。

第四步：如何分析学习内容？

一体化课程的学习内容分析包含参考性学习任务的内容分析、单门课程的内容分析、各层级课程内容的系统分析三个部分。

1. 参考性学习任务的内容分析

参考性学习任务的内容分析可选用**鱼骨图**、**思维导图**等分析工具，从实践知识、理论知识和职业素养等方面清晰梳理和呈现学习内容。其中，实践知识可参照“代表性工作任务描述表”中的“工作内容分析”栏目中工作对象、工作要求、工具材料设备与资料、工作方法、劳动组织方式等进行梳理。理论知识可根据“工作对象”的工作步骤逐条梳理需要掌握的理论知识。职业素养可分析完成本任务需要具备的方法能力、社会能力和思政素养等。

2. 单门课程的内容分析

单门课程的内容分析是对每门一体化课程对应的参考性学习任务内容的系统化梳理，核对各学习任务内容总和是否满足该课程目标的要求。对于不能满足课程目标要求的，需在相应学习任务中进行补充；对于重复的内容，应进行删减或修订；对于缺失的内容应进行补充。

3. 各层级课程内容的系统分析

对各层级课程内容的系统分析，首先是对同一层级课程之间的课程内容进行系统化梳理，必要时与学科课程的知识体系进行对照梳理，确保同一层级各课程内容之和满足该层级人才培养目标要求；其次，是对不同层级课程内容进行体系化梳理，审核课程内容体系能否支撑总体人才培养目标，对重复的内容可进行删减或修订，对缺失的内容进行补充。

第五步：如何编制教学实施建议？

针对具体一门课程的教学实施，可围绕其参考性学习任务教学实施所需师资、场地设施设备、工具材料、教学资料等教学资源和教学管理提出相关建议

教师笔记

教师笔记

和要求，并关注课程实施条件的各项要求与该层级人才培养模式的映射关系。

1. 对于师资队伍的配备，应数量充足、业务精湛、素质优良、专兼结合，有理想信念、道德情操、扎实技能、仁爱之心，综合职业能力强。中、高级技能培养层级的一体化教师需胜任相应层级的一体化课程教学设计与实施、一体化课程教学资源选择与应用、教师企业实践与工作分析等典型工作任务。技师（预备技师）培养层级的一体化教师需胜任相应层级的一体化课程教学设计与实施、一体化课程资源开发与建设、一体化课程标准开发等典型工作任务。由世界技能大赛竞赛项目转化而来的一体化课程或参考性学习任务，任课教师应具备世界技能大赛相关竞赛模块的实践经验或培训经验。

2. 对于该门课程的场地设施设备，应基于不同培养层级及该门课程教学实施的具体要求，明确实施该门课程所需的校内外教学环境，包括开展教学所需的场地条件、教学设施及设备类型、工具耗材等。

3. 对于该门课程的教学资料，应提出所需教材、工作页、工具书、数字化资源的名称、数量、来源等建议。

4. 对于该门课程的教学组织，倡导行动导向教学理念，提出培养学生综合职业能力所适用的教学组织形式和教学方法，明确相关教学管理制度等。

第六步：如何确定教学考核要求？

根据一体化课程目标，确定考核标准及要点；根据考核标准及要点，明确每个参考性学习任务输出的工作成果或学习成果要求，提出应达到的综合职业能力要求；根据应达成的综合职业能力要求，设计终结性考核任务。教学考核的评价方式应包括过程性评价和终结性评价。

1. 过程性评价主要考核学生在工作与学习过程中的学习态度、思政素养、阶段性工作成果或学习成果等。

2. 终结性评价应围绕课程目标设计考核任务，可采用工作方案编写结合工作任务实施的方式进行，通过对学生工作行为的观察、工作成果的产出和对特殊工作步骤的解释，评价学生完成与一体化课程相对应的典型工作任务的职业能力水平。考核题目应包含任务名称、任务情境、任务要求、参考资料四个方面的设计和说明，并注意考核任务的可实施性。

示例：

电子技术应用专业一体化课程“复杂电子产品装配与调试”终结性考核任务

考核任务：智能音箱装配与调试

考核要求：学生根据任务情境的要求，编制任务执行方案，并按照企业标准规范，在规定时间内完成具体项目产品的装配与调试，完成后的项目产品的参数和指标能满足客户需求。

【情境描述】

电子生产车间接到智能音箱的生产任务，客户要求：输入电源为 12 V/1 A、DC 5.5×2.1 接口，Wi-Fi 支持 802.1b/g/n，蓝牙 4.2 支持 A2DP 协议，元器件放置端正、侧面突出小于 25%、末端无明显突出，元器件焊接无虚焊、焊料过多、触碰元件本体、PCB 变色等问题，外

重点提示

应注意考核任务的可实施性。

教师笔记

教师笔记

壳本体装配牢固、间隙≤0.5 mm，数量为150台。业务主管要求你来完成工艺文件的编制并试产样机1台。

【任务要求】

根据任务的情境描述，在规定时间内完成智能音箱的装配与调试工艺文件编制和生产，并对工作进行总结。

1. 根据任务的情境描述，列出需向业务主管和客户询问的信息。

2. 按照任务要求，编制装配工艺文件（材料明细表、PCB装配图、装配工艺过程卡等）和调试工艺文件，并阐述各环节的注意事项。

3. 按照装配和调试工艺文件，规范地完成智能音箱的装配与调试，撰写产品测试报告，分析产品的装配精度，阐述如何在工作中持续提升焊接、装配精度，养成精益求精的工匠精神。

4. 总结技术要点，分析装配与调试过程中的不足，提出改进措施。

5. 查阅音频功放芯片手册和行业技术发展资料，列出其封装类型和关键技术指标，分析凌云、海思等国产音视频芯片在突破垄断、打造“中国芯”方面的重要成就。

【参考资料】

完成上述任务时，可以使用所有的常见教学资料，如工作页、教材、项目设计方案、产品说明书、工艺文件编制规范、产品安装手册、电子元器件手册和网络资料等。

通过终结性考核任务的实施，检验本课程的课程目标达成情况。

在示例中：任务要求 1 可考查学生任务分析和沟通表达能力，对应课程目标 1；任务要求 2 可考查学生贴片式电子产品装配的专业知识和技术文档编制能力，对应课程目标 2 和 3；任务要求 3 可考查学生电子产品装配技能和测试分析能力及对工匠精神的理解，对应课程目标 4；任务要求 4 可考查学生总结反思能力，对应课程目标 5；任务要求 5 可考查学生芯片封装知识和爱国强国理想信念，对应课程目标 2 和 6。

复杂电子产品装配与调试课程目标

学习完本课程，学生应当能够胜任含贴片式元器件电路板焊接、复杂电子产品整机装配、电路调试及功能检测、装配与调试工艺文件简单编制等工作，并能严格执行企业安全环保管理制度和 6S 管理规定，具备独立分析和解决专业问题的能力，养成精益求精、厚德精技的工匠精神。包括：

1. 能读懂任务单，与相关人员进行专业沟通，明确工作内容、时间和装配方式等要求。
2. 能根据相关技术资料及手册，正确识别与检测贴片式元器件；能根据电路功能进行元器件参数的选择、测试和集成电路的在线测试；能根据电路图划分模块电路、分析工作原理；能识别 PQFP、QFN、BGA 等芯片封装类型，了解国产芯片设计、加工、封装等技术的发展现状，增强民族自信心，树立技术强国的理想信念。
3. 能根据相关电子产品生产规范，编制简单的电子产品装配工艺文件（电子电路原理图、材料明细表、元器件布局图、PCB 装配图、装配工艺过程卡等）和调试工艺文件，并制定工作流程；与组长讨论交流，确保各工艺文件逻辑统一、步骤合理、内容正确。
4. 能根据装配方式要求，合理选用手工装配工具或 SMT 自动生产设备，按照安全操作规程，完成产品电路板的贴装、焊接、返修和整机装配，调试产品至最佳性能状态后，填写工作记录单并交教师或同学验收；能通过返修和调试不断提升焊接精度，养成一丝不苟、精益求精的工匠精神。
5. 能总结贴片元器件装配技术要点和调频、传感、音频功放知识要点，分析复杂电子产品装配与调试过程中的不足，提出改进措施。
6. 能在学习中树立正确的工作态度，对工作任务具有精益求精的理念追求。

教师笔记

第六部分

实施建议

实施建议

实施建议是对本专业技能人才培养条件的规定，应包括师资、场地设备、教学资源、教学管理制度等要求。编制及产出要求如下：

表 6　实施建议表

师资	描述师资队伍的结构及能力要求。 师资队伍的结构应包含师生比、专兼职师资比例、学历要求、工作经历、取证等情况。 师资能力要求描述师资进行教学设计、教学组织实施与教学评价的综合职业能力与职业素质要求
场地设备	描述满足学习过程与工作过程一体的校内外教学环境，包括开展教学所需的场地条件、教学设施设备类型、耗材等
教学资源	描述开展教学活动所必需的教材、工作页、技术标准、工具书、技术资料及数字化资源等
教学管理制度	描述保证教学有效运行的日常教学管理制度、实习实训管理制度等。 日常教学管理制度应包括学籍管理、专业建设与课程开发、师资队伍管理、教学运行管理与安全管理等方面的制度。 实习实训管理制度应包括企业学习性岗位管理制度、生产性实习基地和学习性岗位的设置条件、校企双方管理职责、企业导师配备、学生学业成绩评定方法等

工作环节九

实施建议编制

教师笔记

一、为什么要编制实施建议？

编制实施建议的目的是明确满足本专业一体化课程教学实施所需的师资队伍、教学场地、设施设备、教学资源以及教学管理制度等方面的要求，为有效推行一体化课程的教学实施提供保障。

二、怎样编制实施建议？

实施建议编制主要对师资队伍的配备、教学场地与设施设备的配备、教学资源的配置、教学管理制度的配套等提出要求。在实施建议编制的过程中，要充分考虑实施建议中各项要求与人才培养层级和人才培养模式的呼应关系。

三、有何具体要求？

（一）师资队伍的配备

师资队伍应数量充足、业务精湛、素质优良、专兼结合，有理想信念、道德情操、扎实技能和仁爱之心，综合职业能力强。中、高级技能培养层级的一体化教师需胜任相应层级的一体化课程教学设计与实施、一体化课程教学资源选择与应用、教师企业实践与工作分析等典型工作任务；技师（预备技师）培养层级的一体化教师需胜任相应层级的一体化课程教学设计与实施、一体化课程资源开发与建设、一体化课程标准开发等典型工作任务。由世界技能大赛竞赛项目转化而来的一体化课程或参考性学习任务，任课教师应具备世界技能大赛相关竞赛模块的实践经验或培训经验。

（二）教学场地与设施设备的配备

应基于不同培养层级的人才培养目标和不同培养学制的一体化课程教学实施要求，描述满足人才培养和课程教学的校内外教学环境，包括开展教学所需的场地条件、教学设施与设备类型、工具耗材等。其中，校内一体化教学场所（或一体化学习工作站）的场地和设施设备等，应清晰描述每门一体化课程的具体配备要求；校外一体化教学场所（校外学习工作站）要明确学生进行认识实习、岗位实习等不同情况下所需的场地、设施设备及工具耗材的具体要求。

（三）教学资源的配置

教学资源的配置应符合一体化课程教学实施的要求和技能人才培养特点，教学资源包括工作页、教材、维修手册、工具书、设备说明书、技术规范、技术标准或数字化资源等。

（四）教学管理制度的配套

应根据本专业相应层级人才培养目标和人才培养模式的具体要求，设立科学合理的教学管理机构，制定完善的教学管理制度，建立有效的教学管理运行机制。对于日常教学管理，应建立有效支持一体化课程教学组织实施的管理制度，包括学籍管理、专业建设与课程开发、师资队伍建设管理、教学运行管理等方面的制度；对于一体化课程教学场所（或一体化学习工作站）运行管理，应明确工作标准与规范、教师职责、学生行为规范和设施设备、工具耗材等管理规定；对于校外认识实习和岗位实习管理，应建立生产性实训基地、企业岗位实习等管理制度，确定生产性实习基地和岗位实习的设置条件、校企双方合作管理职责、企业导师配备、学生学业成绩评定办法等。

重点提示

对于校内一体化教学场所（或一体化学习工作站）的场地和设施设备的描述，应具体到每门一体化课程的具体配备要求。

教师笔记

第七部分

考核与评价

第七部分

考核与评价

考核与评价是通过综合职业能力评价、职业技能评价、就业质量分析等方式，对本专业技能人才培养质量实施有效的督导、评估和反馈。编制要求及产出如下：

表 7　考核与评价表

综合职业能力评价	描述如何运用职业能力测评理论和技术，测试学生职业能力与培养目标、行业企业用人要求的符合度等
职业技能评价	描述学生通过参加社会化评价等方式，可取得相应等级职业资格证书或职业技能等级证书的情况
就业质量分析	描述毕业生就业后多长时间内通过何种方式评价毕业生的就业质量，包括毕业生就业率、专业对口就业率、稳定就业率、待遇水平及用人单位满意度等

工作环节十

考核与评价编制

教师笔记

一、为什么要编制考核与评价建议？

考核与评价的目的是检验本专业技能人才相应层级的培养成效，验证人才培养目标达成度。编制考核与评价建议是明确本专业推行实施一体化课程后对各层级技能人才培养成效的检验方式。

二、怎样编制考核与评价建议？

考核与评价建议主要对综合职业能力评价、职业技能评价、就业质量分析等方面提出要求。

三、有何具体要求？

（一）综合职业能力评价

1. 评价方案

根据总体人才培养目标和层级人才培养目标，分别设计综合职业能力评价方案，以此对学生进行毕业综合测评。毕业综合测评应从职业人在职业情境下的职业能力和职业素养的角度测评人才培养质量、人才培养目标、行业企业用人要求的达成情况。评价时宜遵循职业能力评价的情境性原则，让学生完成源于真实工作的案例性任务，通过对其工作行为的观察、工作过程的分析和工作成果的产出，评价学生的工作能力和态度。综合职业能力评价方案一般包括学生用的“职业能力测评试题”、考评员用的“评分标准”和考务人员使用的“考场准备要求”三个部分。

2. 命题指引

综合职业能力评价方案的试题应来源于该职业（工种）的典型工作任务，根据 COMET 职业能力理论模型，借鉴 COMET 职业能力测评理论与技术进行设计开发，所开发专业有对应世界技能大赛竞赛项目的，还需参考世界技能大赛竞赛项目的技术标准和评价标准进行命题。

3. 评价指标设计

综合职业能力评价根据开放式综合测试题目的完成情况，从直观性 / 展示、功能性、使用价值导向、经济性、工作过程导向和企业经营过程导向、社会接受度、环保性、创造性 8 个评分指标进行设计。每个指标各设 5 个评分点，每个评分点按照等距量表式评分方式，从最差到最好分为四个级别，分别用数字 0 ~ 3 表示，完全符合为 3 分、基本符合为 2 分、基本不符合为 1 分、完全不

教师笔记

教师笔记

符合为 0 分。其中，3 分表示“反思行动的知识”，2 分表示“解释行动的知识”，1 分表示“引导行动的知识”，考评员按照 40 个评分点完成评分的过程。所开发专业可根据实际情况，依据评价指标开发综合职业能力测试试题。

4. 实施指引

建议组建由行业企业专家和专业教师组成的考试委员会。考试委员会负责命题、考核和评分等工作，可根据综合职业能力指标对学生的解决方案、工作过程和工作成果进行集体评分，采用伴随性口试评估学生工作过程的职业素养表现等。

（二）职业技能评价

各专业职业资格鉴定 / 职业技能等级认定工作应结合行业性和职业性等特征推行。按照国家职业资格鉴定、职业技能等级认定相关要求，由各级人力资源社会保障部门备案的评价组织对学生的职业技能水平进行科学、客观、公正的评价认定。

（三）就业质量分析

就业质量分析是对毕业生就业率、专业对口就业率、稳定就业率、就业后相关待遇以及用人单位满意度等方面的综合分析，以客观、全面评价和反馈毕业生的就业质量。

地方主管部门或技工院校每年应对毕业生就业后一定时间内（毕业半年、毕业一年等）开展就业质量调查，从毕业生规模、培养层级、专业结构、持证比例等维度多元分析毕业生总体就业率、专业对口就业率、稳定就业率、就业行业岗位分布、薪酬待遇水平、用人单位满意度等数量指标。其中，**毕业生就业率**包括毕业生离校前已落实就业单位的比例和毕业生毕业当年 12 月底前的就业比例；**专业对口就业率**指学生所学专业与实际就业所从事的职业及相关岗位群相对应的比例；**稳定就业率**指毕业生与企业签订一年及以上正式劳动合同所占的比例；**就业行业岗位分布**指毕业生就业主要行业领域或主要企业类型；就业后的**薪酬待遇水平**指毕业生与企业签订正式劳动合同后的实际收入水平；**用人单位满意度**指用人单位对毕业生在企业工作期间表现进行的综合性评价。

教师笔记